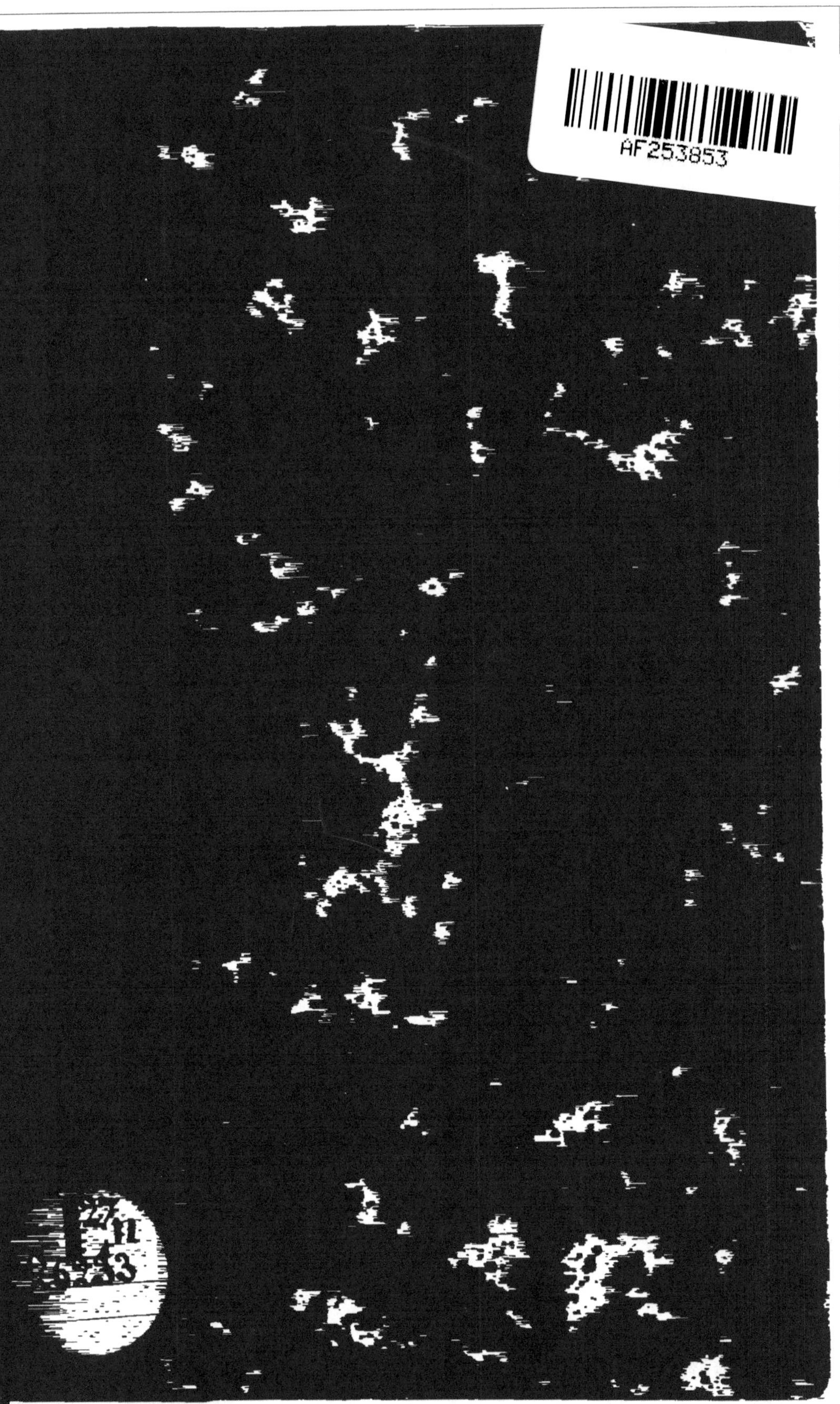
AF253853

COUR D'APPEL DE TOULOUSE

—

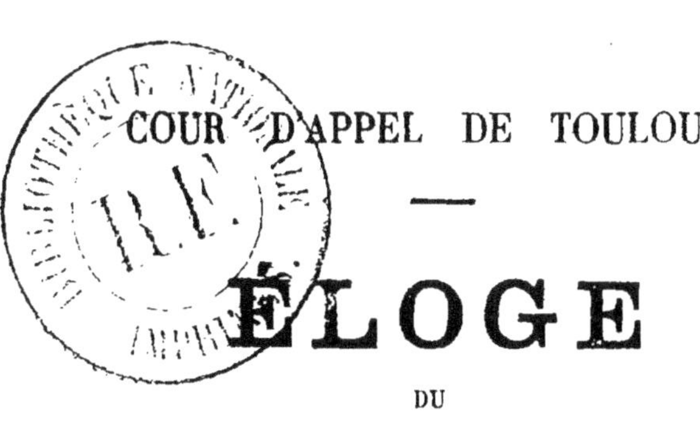

ÉLOGE

DU

PRÉSIDENT BONJEAN

PRONONCÉ

A l'ouverture de la Conférence des Avocats

LE 3 DÉCEMBRE 1871

PAR

Pierre de LASSUS SAINT-GENIÈS

AVOCAT.

> L'homme tire sa gloire des principes qu'il représente et du courage avec lequel il les professe et les défend. Heureux qui s'est enrôlé sous les drapeaux d'une noble cause, qui sait vivre et au besoin mourir pour elle ! Car ni toutes les doctrines ne se recommandent par une égale importance, ni tous les hommes ne servent leurs convictions avec la même générosité.
>
> (Mgr DARBOY).

TOULOUSE

IMPRIMERIE PHILIPPE MONTAUBIN

1, PETITE RUE SAINT-ROME, 1.

1872.

Monsieur le bâtonnier,

Messieurs,

La Magistrature française a conservé le glorieux privilége de marquer de son sang les heures néfastes de notre histoire. Insultée dans les moments où les révolutions se préparent, elle est persécutée après leur triomphe ; il semble qu'on pourrait mesurer à la grandeur de ses souffrances ou de ses pertes la gravité des circonstances que traverse le pays. Nous changeons moins qu'on ne pense. Les événements de l'année dont le terme s'approche ont montré que la scélératesse et l'héroïsme sont encore dans nos traditions ; notre passé est rempli de ces souvenirs. S'il fallait chercher des comparaisons, je vous rappellerais cette époque de confusion et de troubles qui vit Henri III abandonner Paris à l'émeute et je choisirais pour l'épigraphe de ce discours la réponse que le premier président Achille de Harlay fit au vainqueur des barricades :

« Monsieur, c'est grand'pitié quand le valet chas-
» se le maître ; au reste, mon âme est à Dieu,
» mon cœur au roi, mon corps entre les mains
» des méchants, qu'on en fasse ce qu'on voudra.»
Le duc de Guise se contenta de faire jeter M. de
Harlay à la Bastille ; mais la comparaison se
complète aisément, et dès l'année suivante, dans
notre ville de Toulouse, nous voyons le président Duranty mourant pour la même cause avec
la même sérénité. Ainsi, de tout temps, les mêmes crimes ont rencontré les mêmes dévoue-
ments et illustré de semblables victimes.

Nous avons vu tomber des hommes qui par la
seule force de la probité et du travail s'étaient
élevés de la situation la plus modeste aux premières dignités de l'Etat ; dont la vie est si
droite et si pure qu'il semble que chacun des
jours, des efforts ou des épreuves dont elle se
compose n'ait été, dans les projets de Dieu, que
les détails nécessaires d'un modèle accompli. De
telles existences ont le droit de compter sur une
fin honorée et paisible, et la mort devrait les
surprendre au milieu des affections et des tra-

vaux qui les ont consumées. Mais notre temps et notre pays n'accordent que rarement cette suprême faveur aux hommes placés en évidence. Le supplice et les outrages leur réservent souvent ce je ne sais quoi d'achevé dont parle Bossuet ; et nous qui cherchons des leçons dans leur conduite, nous hésitons d'abord entre la pitié, l'admiration et la reconnaissance. Mais ce sont bientôt ces derniers sentiments qui l'emportent, car entourés des hardiesses criminelles et des petitesses éclatantes que les événements ont suscitées parmi nous, ils nous apparaissent comme les derniers et fidèles dépositaires de l'honneur national.

Je viens, Messieurs, vous parler d'un de ces hommes et mettre sa vie sous vos yeux. Je ne viens pas le louer ; ce serait pour beaucoup de raisons, inutile. Ceux qui ne se résignent pas à reconnaître la grandeur chez leurs adversaires politiques ne m'écouteraient pas ; et ceux que séduisent les grandes choses par le seul ascendant qui leur est propre, n'auraient que faire de mes réflexions. Ils déduiront eux-mêmes les conséquences et penseront avec moi que la simplicité est un hommage que l'on doit à ceux qui nous en ont donné l'exemple.

M. Bonjean était fils d'un orfèvre de Valence. Il naquit le 4 décembre 1804. Sa famille, originaire de Savoie, avait connu des situations plus hautes. Plusieurs de ses membres avaient fait partie, dans le cours du siècle dernier, du Sénat de Chambéry et s'y étaient distingués. Celui qui devait marcher sur leurs traces devint orphelin à seize ans, n'ayant pour tout patrimoine que 1,100 francs et l'intérêt qu'éveillaient autour de lui des études brillamment commencées. Au sortir du collége, il vint à Paris et suivit avec ardeur les cours de l'Ecole du droit. Sa thèse de licence fut très-remarquée. Dans une dissertation approfondie il attaquait vivement le régime hypothécaire alors en vigueur et réclamait le retour à la loi du 11 brumaire an VII: C'était, à cette époque, une rare hardiesse à laquelle la loi du 23 mars 1855 a donné raison.

Ces premières années avaient été rudes pour le jeune étudiant ; des répétitions données dans

les lycées lui avaient fourni ses seuls moyens
d'existence. Docteur en droit, il ne fit que chan-
ger le sujet de ses leçons et fonda chez lui des
cours particuliers où l'affluence fut bientôt si considérable que ses revenus s'élevèrent jusqu'à 17
ou 18,000 fr. C'était un éloquent témoignage de
talent et de science. Quelques professeurs de
l'Ecole de droit, qui comptaient parmi ses pro-
tecteurs et ses amis, lui firent observer qu'il ne
lui en coûterait guère de faire ses cours dans
une chaire de l'Ecole, et que, pour un candidat
dont le savoir était connu, les examens ne pouvaient constituer une épreuve redoutable. M.
Bonjean refusa, et ce refus s'explique aisément.
Il était parvenu au but que rêvent et poursuivent la plupart d'entre nous : le travail lui avait
donné l'aisance, la simplicité de ses goûts en faisait une fortune. Il éprouvait ces jouissances dé-
licates que procurent, après des efforts opiniâ-
tres, la vie facile à qui n'a connu que ses aspéri-
tés, l'étude sérieuse aux intelligences actives, le
sentiment de ne rien devoir qu'à soi-même aux
esprits amoureux de dignité et d'indépendance.

Ces premiers rayons de la gloire dont parle Vauvenargues ne manquaient pas à son nom ; des publications importantes sur le Droit Romain lui avaient fait une réputation qui permettait de le comparer aux plus savants jurisconsultes de l'Allemagne. En collaboration avec M. Blondeau, alors doyen de l'Ecole de Droit, il avait fait paraître un recueil annoté des principaux textes du Droit anté-Justinien et une traduction des Institutes ; puis, en son nom personnel, un Traité des actions ou Exposition historique de la procédure civile des Romains, œuvre de premier ordre et qui le fit connaître de la France entière.

C'était assez pour son ambition ; mais celle de ses amis allait au-delà. A défaut du professorat, on le poussa vers le barreau. Ses profondes études juridiques étaient une raison pour lui faire acquérir une charge d'avocat à la Cour de cassation. Ses goûts le faisaient pencher de ce côté. Mais un scrupule des plus honorables qui peint bien l'une des principales qualités de son caractère, l'arrêta pour un temps dans cette voie.

Vous savez tous, Messieurs, que la valeur d'u-
ne charge occupée à la Cour de cassation repré-
sente une véritable fortune: M. Bonjean n'en avait
pas. Ses amis lui disaient avec raison que les revenus d'une charge importante dont il serait le
titulaire lui permettraient bientôt de rembourser
l'emprunt auquel il lui était nécessaire et facile
de recourir. M. Bonjean, par un sentiment de
délicatesse peut-être exagéré, mais dont nous
retrouvons les traces dans sa vie entière, refusa
d'employer ce moyen. Il craignait, disait-il,
s'il venait à mourir, que la vente de sa charge
ne suffit pas à payer sa dette, et cette hypothèse,
tout invraisemblable qu'elle fût, tourmentait son
esprit fier et loyal. Mais un peu plus tard, ce que
l'on appelle à la Cour de cassation un *titre nu*,
c'est-à-dire une charge abandonnée depuis longtemps, ayant été mis en vente, M. Bonjean n'eut
plus à compter avec les mêmes craintes ; ses
économies couvrirent le prix de 45,000 fr., qui
était demandé. Des renseignements certains me
permettent de dire que sept années plus tard
le revenu du cabinet s'est élevé à 68,000 fr. Ce

serait, s'il en était besoin, une nouvelle preuve de la supériorité et de la puissance de travail de celui qui sut plus tard remplir simultanément et avec tant de distinction les fonctions les plus importantes.

Nous ne pouvons juger que par comparaison ce qu'était la parole de M. Bonjean à cette époque. Son opinion sur lui-même est trop modeste pour servir de preuve authentique. « Je n'ai pas l'imagination très brillante, disait-il à Mazas à l'un de ses amis, mais j'ai une force de classifi-cation et une perfection de méthode, acquises par un travail opiniâtre, et que bien peu possèdent. Je n'ai jamais traité d'une question, (et celles aux-quelles j'ai touché sont nombreuses), sans l'a-voir approfondie et étudiée sur tous ses côtés. Avec ma méthode, j'ai fait de petits tableaux sta-tistiques fort clairs, qui n'ont l'air de rien et qui m'ont coûté chacun une somme de travail consi-dérable. » Les discours de M. Bonjean démentent à plusieurs reprises ce que la première partie de cette appréciation a de trop absolu. La parole pu-blique improvisée est le miroir fidèle du caractère et des tendances de l'esprit. M. Bonjean avait trop de penchant pour les sujets élevés, il sentait trop vivement toute chose, pour que son langage ne révélât que des qualités de dialectique. Néanmoins c'était là, ce me semble, le côté dominant de son tempérament oratoire. Il y a toujours dans l'opinion d'un esprit éclairé et sincère un fonds d'exacte vérité, alors même qu'il parle de lui, et ces qualités solides, qui ont l'avantage de n'être pas journalières, expliquent et justifient la situation considérable que M. Bonjean avait si rapidement acquise à la Cour suprême.

Cette période fut peut-être la plus heureuse de sa vie. Le fils de l'orfèvre de Valence avait triomphé, par vingt années de labeurs persévérants, de toutes les difficultés que la pauvreté et l'isolement traînent à leur suite. Le bonheur avait accompagné la fortune. M. Bonjean avait épousé Mlle de Malherbe : les événements nous montreront à quel point la descendante du grand poëte était digne du martyr de la Roquette. Son sort paraissait définitivement fixé quand la révolution de 1848 vint imprimer une nouvelle direction à son existence et interrompre le cours des travaux et des publications juridiques qui l'avaient remplie jusqu'alors. Je ne sais, si dans les agitations de la vie publique, il a jamais regretté ces quelques années d'obscurité relative et de paisible travail. Son caractère était assez ferme, assez dévoué, assez noble, pour lui faire voir, jusqu'à ses derniers moments, à travers les amertumes et les dangers, les services rendus et le devoir à remplir. Mais s'il était permis, dans les temps ou nous vivons, de se placer au point de vue du sage, ce serait une occasion de montrer, dans ces passages fréquents de la vie judiciaire à la vie politique, la source de regrets qui ne sont pas toujours compensés par la gloire:

M. Bonjean fut appelé par le département de la Drôme à l'honneur de le représenter à l'Assemblée constituante. La profession de foi qu'il publia à cette époque mérite d'être citée parce qu'elle renferme les idées de fermeté, de dévouement et de sagesse qui n'ont jamais cessé d'inspirer sa conduite. L'on y rencontre également ces jugements sensés qui se font si rarement entendre aux heures d'effervescence populaire et qui trouvent aujourd'hui, dans le retour des mêmes sophismes et le souvenir de plus grands excès, une triste et frappante actualité.

» On a écrit, dit il, et j'entends répéter chaque jour que le patriotisme suffit à tout.

» Cela n'est pas complétement exact. Le patriotisme c'est beaucoup, c'est même la première et la plus indispensable qualité. Car le véritable patriotisme suppose précisément la réunion de la plupart des qualités que je viens d'énumé·rer : moralité, dévouement, fermeté. Mais le patriotisme à lui seul ne suffit pas plus pour faire un législateur que pour faire un ingénieur, un général d'armée, un administrateur habile. Celui qui n'aura pas médité sur les lois nécessaires des sociétés, celui qui n'aura pas suivi dans l'histoire le jeu des diverses institutions essayées chez les différents peuples : celui qui n'aura pas appris par l'expérience à se défier des théories décevantes, celui-là, je le dis avec une conviction profonde, sera exposé au danger de flotter à

l'aventure au milieu des systèmes et de se décider au hasard.»

Puis dans une courte brochure de propagande
publiée à la même époque, il passe en revue les
différents systèmes socialistes qui faisaient alors
tant de bruit. Songeant sans doute à ces années
d'efforts dont il venait de recueillir les fruits lé-
gitimes, il montrait dans la propriété le fonde-
ment de la liberté et de la dignité humaines :

« Ce qui constitue l'homme libre, écrivait-il,
c'est le droit de régler, selon sa volonté, sa propre destinée, d'arriver au bonheur par la vertu,
le travail et la prévoyance, ou de tomber dans le
malheur par la paresse, la dissipation, le vice ;
c'est le droit de profiter de tout ce dont le pro-
duit de son travail dépasse les besoins de chaque
jour, de capitaliser cet excédant, de le posséder
exclusivement, d'en disposer comme il l'entend,
d'en être propriétaire, en un mot ; d'avoir une
famille à aimer, à protéger, à gouverner. L'es-
clave est celui auquel manquent les droits que
je viens d'énumérer ; celui qui n'a pas le droit
de régler sa propre destinée, à qui vertu, activité,

prévoyance sont inutiles, car il ne peut rien posséder en propre, car tous ses efforts ne peuvent rien ajouter à la subsistance qu'il reçoit chaque jour du maître, à l'instar des animaux domestiques ; qui enfin ne peut avoir ni famille, ni enfants ; car est ce avoir des enfants que de rester sans action sur leur éducation, que de ne pouvoir, en aucun cas, faire quelque chose pour leur bonheur.»

Dans le même opuscule, s'adressant aux propagateurs de ces doctrines, il dévoilait leurs procédés, leur but et leur conduite. Rien n'est changé depuis, ni les causes de la misère, ni la manière de l'exploiter, et l'on peut répéter avec M. Bonjean :

«Oui, dans les temps de chômage qu'entrainent les crises commerciales et politiques, la misère est grande, grande à déchirer le cœur. Mais la société est-elle donc coupable de tous ces maux ? N'est-il pas vrai que les ouvriers industriels si admirables d'intelligence, de dévouement, de patriotisme, manquent en général de prévoyance, d'ordre et d'économie ? N'est-il pas vrai que

dans les temps prospères ils songent peu à éco-
nomiser pour les temps de chômage ou de maladie, qu'ils se laissent entraîner trop souvent aux
dépenses du cabaret et aux jouissances coûteuses
qu'offrent les grandes villes ? N'est-il pas vrai,
enfin, que ceux qui savent résister à ces malheu-
reux défauts arrivent presque tous à un état
meilleur ? N'est il pas vrai que les plus riches
industriels de France ont commencé par être de
simples ouvriers, seulement ouvriers plus labo-
rieux, plus économes que les autres ? Et combien
ils seraient plus nombreux, ces favoris de la fortune, si, malgré les causes de misère trop réel-
les, les ouvriers des villes avaient la frugalité et
l'économie des gens des campagnes »

» Voilà la vérité ! Mais vous vous gardez bien
de la dire aux ouvriers ; vous préférez verser le
vitriol sur leurs blessures, égarer leur raison et
les pousser au désordre qui tue, avec le travail,
le pain du travailleur. Vous flattez les ouvriers comme les courtisans flattent les rois,
non pour eux mais pour vous ; pour satisfaire
qui sa vanité d'auteur, qui son ambition politi-

que ; vous les poussez aux barricades et pendant qu'ils se battent en braves, vous vous tenez à l'écart.»

Et l'ouvrage se termine par ces paroles :

« Ouvriers, méfiez-vous de ces faux amis qui vous trompent pour faire de vous un piédestal à leur ambition ou à leur vanité.

« Croyez-en celui qui vous adresse ces paroles ; il fut pauvre, peut-être plus qu'aucun de vous ; il n'eut pour héritage que le travail. Parvenu, après de longs efforts, à une position meilleure, il vous affirme sur l'honneur, il vous prouve par son exemple, que dans cette société tant calomniée par les artisans de désordre, il y a toujours place pour les hommes de bonne volonté qui prennent pour devise ces trois mots : Bonne conduite, travail, persévérance !»

Heureux, messieurs, ceux qui savent tenir, dans les temps troublés, cet honnête et courageux langage ! Heureux ceux qui peuvent montrer, dans leur propre vie, la justification de leurs conseils. M. Bonjean qui devait trouver, dans le cours d'une existence agitée, de si grandes occasions de servir de modèle, pouvait, dès ce moment, proposer son exemple à ceux que la providence a placés dans une condition inférieure et parmi lesquels il était né. Il semble que ce fut sa destinée de montrer dans les situations diverses qu'il a traversées ce qu'un homme de cœur doit faire pour triompher de la fortune, pour vivre ou mourir avec honneur. La première partie de sa vie s'adresse à ceux qui nient la loi du travail et ses magnifiques récompenses ; la seconde nous enseigne ce que l'état social exige de dévouement et de sacrifices de la part des hommes publics.

Les circonstances devaient fournir bientôt à M. Bonjean l'occasion de se révéler sous ce nouvel aspect.

L'Assemblée constituante s'était réunie et, dès les premiers jours, l'attentat du 15 mai avait dévoilé les tendances de toute révolution populaire. M. Bonjean fut un des représentants qui refusèrent de quitter leurs sièges, même après que le bureau eut été renversé. La funeste insurrection de juin nous le montre fidèle à ses discours, à ses promesses, à son caractère. Aux premiers bruits de l'émeute, il monte à la tribune et demande que l'assemblée charge un certain nombre de ses membres de marcher avec les troupes, afin, dit-il, « que gardes nationaux et soldats sachent bien que là où ils peuvent mourir, nous aussi nous sommes disposés à mourir !» Soixante représentants sont désignés et M. Bonjean, qui en faisait naturellement partie, n'abandonna le théâtre de la lutte qu'après la prise de la dernière barricade.

Dans l'intervalle et dès le lendemain du 15 mai, il avait attaqué le préfet de police, Caussidière, dont l'attitude pendant l'invasion de la chambre avait été plus que suspecte. Son interpellation avait amené, avec la démission du préfet, le licenciement de cette *garde du peuple* que ce dernier avait instituée, disait-il, pour faire de l'ordre avec du désordre, et qui sans doute n'eût pas manqué, aux journées de juin, de marcher avec l'insurrection dans les rangs de laquelle on avait eu le soin de la recruter. Quelque temps après, sous le gouvernement du général Cavaignac, M.

Bonjean provoqua un vote de l'Assemblée qui fut cause de la retraite de M. Carnot, ministre de l'instruction publique, dont la tolérance à l'égard des doctrines socialistes avait éveillé de graves inquiétudes dans le pays.

La dissolution de l'Assemblée Constituante rendit M. Bonjean à la vie privée. Mais la situation qu'il avait acquise dans le monde politique par son attitude, ses discours et son courage, ne permettait pas qu'il fût longtemps éloigné des affaires. Il y revint bientôt, dans une occasion qui mérite d'être relevée pour plusieurs motifs. Le premier est qu'elle décida de son avenir politique ; les autres me sont suggérés par la dignité de l'homme dont j'ai l'honneur de parler. Ce serait, en effet, manquer à sa mémoire que de m'efforcer, par respect pour les ardeurs de l'opinion régnante, de détourner votre attention de l'adhésion et du concours que M. Bonjean donna à la politique présidentielle, dans la période qui a précédé et préparé les événements de 1851.

Il avait fait partie de la réunion dite de la

rue de Poitiers. Personne n'ignore que ce cercle politique, composé de toutes les nuances que renfermait le parti conservateur, s'était fondé dans le but de veiller au maintien de l'ordre public ; c'était ce que l'on appelait le grand parti de l'ordre. M. Bonjean en était le vice président. Il répondit en cette qualité aux attaques dont cette société fut l'objet ; à l'époque de la vérification des pouvoirs, il défendit, dans un sentiment de justice, l'élection du Prince Louis-Napoléon vivement contestée. Ces différentes circonstances le signalèrent au choix du Président, lorsqu'il forma le ministère qui devait prononcer la destitution du général Changarnier et, selon le mot de M. Thiers, décider de l'avénement de l'Empire.

Je ne prétends pas, messieurs, exprimer sur ces événements une opinion personnelle. Les sentiments particuliers ne doivent pas, à mon avis, dicter le langage que sollicitent, dans un discours tel que celui-ci, des faits de cette nature. Les générations qui se trouveront placées à la distance de l'histoire jouiront seules de cette im-

partialité qui fait les juges compétents. Rappe-
lons-nous qu'on court le risque de se tromper
étrangement sur la valeur d'un homme, quand
on regarde plus à ses actes, qui nous atteignent,
qu'aux intentions qui l'ont fait agir.

Nous vivons dans un temps où les esprits les
plus sincères et les volontés les plus pures sont
loin d'être assurés de se rencontrer dans le même
camp. Les mêmes causes se trouvent servies par
les hommes les plus divers et l'on a vu, l'on voit
encore, les caractères les plus droits, les plus dé-
sintéressés, les plus estimables, marcher à côté
de ceux qui n'ont que l'ambition, l'égoïsme et l'en-
vie. Si l'on pouvait, à la veille des grandes batailles politiques, distinguer ceux qui s'inquiè-
tent uniquement des intérêts du pays de ceux
qui ne poursuivent qu'une affaire, il y aurait
sous tous les drapeaux des épurations consi-
dérables et, de toutes parts, on serait surpris du
petit nombre des combattants. Mais la vie de
M. Bonjean témoigne qu'il eût été digne de rester
sur la brèche. L'on ne verra point le jour où

tous les hommes de bonne volonté auront la même volonté ; également préoccupés, dans les pays
agités par les révolutions sociales, du salut com-
mun, ils ne parviendront jamais à s'entendre sur
l'emploi de la persuasion ou celui de la force.
M. Bonjean crut à la nécessité des mesures ex-
trêmes ; et s'il ne fut pas de ceux qui les mirent
en pratique, il fut du moins de ceux qui les ap-
prouvèrent.

Son passage au ministère fut de courte durée.
De retour au barreau de la Cour de Cassation, il
y reçut un précieux témoignage d'estime; il fut
désigné par les magistrats pour faire partie du
bureau d'assistance judiciaire. Sa nomination
aux fonctions d'avocat-général au parquet de la
Cour suprême suivit de près cet honneur. Le
nouveau gouvernement ne tarda pas à l'enlever
à cette situation éminente pour utiliser ses services au Conseil d'Etat qui venait d'être réorga-
nisé. Nommé président de la section de l'intérieur, de l'instruction publique et des cultes, il y
déploya une telle activité que sa santé en souffrit.
L'organe de la vue s'altéra gravement ; le repos

devint nécessaire : la dignité de sénateur, qui lui fut bientôt conférée, le lui permit. La célébrité devait s'y joindre.

C'est, en effet, par la tribune du Sénat que le talent et la valeur de M. Bonjean se sont révélés au public dans toute leur étendue. Ses discours et ses actes à l'Assemblée Constituante lui avaient fait assurément une place à part parmi ses collègues : mais cette assemblée comptait de trop grandes illustrations pour que le pays eût de l'attention à donner aux nouveaux venus. MM. Thiers, Lamartine, Odilon Barrot, Ledru-Rollin etc... remplissaient la scène, et quelque important qu'ait été le rôle de M. Bonjean à plusieurs reprises, l'éclat des anciennes réputations avait tout éclipsé. La popularité ne s'acquiert, dans ces moments de crise, que par le génie, l'excentricité ou quelque accident favorable. Au Sénat, le talent de M. Bonjean devait rencontrer un terrain plus propice. Homme de discussion, plutôt que lutteur de tribune, il allait se trouver en présence des affaires plus souvent que des passions politiques. Orateur distingué, dans une assemblée qui n'en comptait qu'un petit nombre, il devait être placé constamment en évidence. Libéral impénitent, comme disait le P. Lacordaire, au milieu de collègues qui se résignaient aisément à la pénitence, sa figure ne pouvait que se détacher vivement sur un fond à peu près uniforme. Son habitude du travail et ses profondes connaissances en législation le rendaient propre aux recherches patientes et souvent arides par lesquelles le droit de pétition remplaça, jusqu'en 1860, les débats animés de l'adresse et l'examen public des actes du gouvernement.

L'œuvre de M. Bonjean au Sénat peut se diviser en deux parties. La première comprend les rapports, observations ou discours qui ont trait à des questions spéciales ou techniques. Ces travaux sont très-nombreux ; il en est qui sont de véritables chefs-d'œuvre dans leur genre et qui attestent une érudition aussi étendue que variée. Tels sont les rapports sur la pétition Libri, sur la conservation des oiseaux utiles à l'agriculture, sur l'organisation du corps médical, sur l'impôt progressif, sur le projet de loi relatif aux crimes et délits commis à l'étranger, les discours sur le cadastre et sur la propriété littéraire et artistique. Les limites nécessairement restreintes d'un éloge ne me permettent d'en parler que pour mémoire. Il en est d'ailleurs des hommes politiques comme des armées en campagne, ce ne sont pas les travaux les plus compliqués ni les plus rudes fatigues qui tiennent la plus grande place dans les souvenirs de l'histoire.

Dans la seconde partie figurent les discours sur la politique extérieure et intérieure qui ont rangé leur auteur parmi les hommes d'état de notre temps. A l'intérieur le développement libéral des institutions absorbait toutes ses pensées. Il avait applaudi avec joie au décret du 24 novembre 1860. Dans la séance du 31 janvier 1861, se préoccupant du droit de discussion par la voie de la presse des discours prononcés dans les assemblées délibérantes , il s'exprimait ainsi :

» Si je suis de ceux qui, en des jours néfastes, n'ont reculé devant aucun des sacrifices que ré-

clamait le rétablissement de l'ordre, je suis aussi
de ceux qui croient que certaines mesures adop-
tées avec raison dans ces temps difficiles ne sau-
raient être l'état normal de la France au dix-neu-
vième siècle. »

» On craint encore, disait-il plus loin, que
les journalistes n'usent pas de leur droit avec
modération et impartialité... et on a raison. On
dit que, suivant la ligne politique du journal,
certains discours seront l'objet de critiques in-
justes et passionnées, d'autres vantés et exal-
tés avec non moins d'injustice, et l'on a raison
encore. . . . .

» Messieurs, ce qui est mortel, pour les discours de tribune, comme pour toutes les autres
œuvres de l'esprit, ce n'est pas la critique, si
injuste, si passionnée qu'elle puisse être ; ce qui
est mortel aux orateurs et aux assemblées,
c'est le vide et le silence qui se font autour
d'eux.»

Le 5 mai 1868, cette question de la liberté de
la presse se posait de nouveau devant le Sénat. M. Bonjean prenait la parole. La liberté de

la presse, dit il, dépend bien moins des pénalités réservées à ses excès que de la juridiction à laquelle elle est soumise. Et il définit cette liberté : l'absence de mesures préventives et le jugement déféré au jury. Passant en revue les divers gouvernements qui se sont succédé en France, il soutient qu'il est injuste d'imputer leur chûte à la liberté de la presse. Il réclame la juridiction des jurés dans l'intérêt de la magistrature dont les procès politiques compromettent l'autorité, dans l'intérêt du gouvernement auquel il importe peu de se trouver en contradiction avec un jury, mais qui ne saurait supporter de même le blâme motivé d'un tribunal permanent, ni entrer, sans danger, en lutte avec les corps judiciaires.

Enfin, le 3 septembre 1869, dans la discussion du sénatus-consulte modifiant la constitution, il aborde un problème qui se posera bientôt devant les rédacteurs de notre constitution future, celui de la composition et des attributions de la chambre haute. Il nous montre les assemblées uniques et le pouvoir exécutif mis en présence l'un de l'autre comme deux ennemis, ou du moins deux rivaux, entre lesquels aucun médiateur ne viendra se placer. Il soutient que,chez les nations démocratiques, la Chambre haute ne peut avoir d'influence qu'à la condition de se recruter, au moins en partie, par le suffrage des électeurs et il propose que la moitié des membres du Sénat soit élue par les conseils généraux.

C'est ainsi que M. Bonjean se faisait, en toute occasion, le champion dévoué des idées libérales. Ce rôle n'était pas toujours facile et ses premiers discours obtinrent moins d'approbation que les derniers. Mais l'éminent magistrat n'était pas de ceux que la crainte de la défaveur ou de l'impopularité conduit à dissimuler leur pensée intime et,s'il en fallait une nouvelle preuve, je la trouverais dans les opinions qu'il a manifestées à l'égard des questions religieuses et qui suscitent encore à sa mémoire d'irréconciliables ennemis.

Il avait vécu dans les principes de ce grand parti gallican qui a compté dans la philosophie et dans l'Eglise tant de noms illustres et vénérés.

Il descendait en droite ligne de ces magistrats parlementaires auxquels nous avons si souvent l'occasion de le comparer. Il en avait la foi, l'austérité, les habitudes pieuses et les défiances traditionnelles. Dans le développement des corporations religieuses, il croyait voir un danger pour la société moderne, dans le pouvoir temporel des Papes, la source de leur résistance aux doctrines proclamées en 89, et, dans l'un et l'autre de ces faits, la décadence de la religion catholique et le germe de discordes civiles.

Ces convictions inspiraient son langage toutes les fois que ces graves questions étaient soulevées devant lui. Il y mettait toute la puissance de son érudition et la déférence d'un catholique sincère pour les chefs de la religion qu'il professe. On oublie trop que ces doctrines ne comptent qu'un petit nombre de contradicteurs respectueux et qu'il ne faut pas confondre avec les ennemis violents du catholicisme ceux qui vivent et meurent dans la foi catholique, avec les professeurs d'athéisme l'homme qui, le 7 août 1866, adressait ces paroles aux élèves du lycée Napoléon:

« Pour remplir tous les grands devoirs, il vous faut un point d'appui qui jamais ne fléchisse, un flambeau qui ne s'éteigne jamais et qui vous puisse guider dans les épreuves difficiles, souvent douloureuses, que vous aurez inévitablement à traverser, comme la colonne de feu guidait le peuple d'Israël dans la nuit du désert.

» Ce point d'appui, ce flambeau, vous ne le trouverez que dans le sentiment religieux le plus élevé, dans le sentiment chrétien.

» Tenez-vons en garde contre deux doctrines également fausses, également funestes, qui n'ont fait que trop de prosélytes en ces derniers temps : l'une qui attaque la société moderne au nom du christianisme, l'autre qui attaque le christianisme au nom de la société moderne.

» A l'une et à l'autre une même réponse.

» Non, non, leur direz-vous, il ne peut exister d'incompatibilité entre ces deux grandes et saintes choses, christianisme et liberté ; ceux là seuls peuvent en apercevoir l'apparence qui confondent les principes avec les abus que les hommes en ont pu faire.»

Une autre fois, dans un discours sur la Pologne, amené par l'enchaînement des idées à parler d'un livre célèbre, celui de M. Renan, il s'écriait avec chaleur : « Ah ! n'abusez pas de votre talent pour m'enlever la foi en celui au nom duquel dans ce moment suprême, qui à mon âge ne saurait beaucoup tarder, on viendra m'apporter la consolante parole : *Ego sum resurrectio et vita* ! Je suis la résurrection et la vie. »

J'ai prononcé, messieurs, le nom de la Pologne ; M. Bonjean n'a jamais mieux montré qu'a propos de cette nation malheureuse ce qu'il y avait de générosité dans son âme et de vigueur dans son éloquence. Dans un premier discours prononcé le 17 mars 1863, il s'élève avec force contre ceux de ses collègues qui conseillaient, sur cette question périlleuse, la réserve et le silence. Les élans de son cœur indigné l'emportent sur la prudence de l'homme d'Etat. Jamais sa parole n'a été plus large, plus communicative, plus pénétrante. L'histoire des trois partages est retracée dans un exposé rapide, nerveux, saisissant. « Un peuple ne meurt pas, dit-il, quand à un ardent patriotisme il unit un profond sentiment religieux » ; et, dans un beau mouvement oratoire, il cite cette strophe d'un chant national :

« Seigneur Dieu, toi qui durant tant de siècles entouras la Pologne de splendeur, de puissance et de gloire, toi qui la couvrais alors de ton bouclier paternel ; toi qui détournas si longtemps les fléaux dont elle a été enfin accablée, seigneur, prosternés devant tes autels, nous t'en conjurons, rends-nous notre patrie, rends-nous notre liberté. » Un second discours prononcé au mois de décembre suivant est animé du même souffle, et lorsqu'on lui oppose l'impuissance de la France, il s'écrie douloureusement : « Hélas ! messieurs, ma raison reste sans réponse, mais mon cœur n'est pas convaincu. »

De quelle amertume a dû se remplir cette âme qui traduisait si vivement les souffrances du patriotisme, en assistant dans son propre pays à tous les excès de la guerre, à la violatiou et au partage du sol natal. Nous aussi, nous avons passé de la puissance et de la gloire à l'humiliation aux pieds du vainqueur. La Pologne n'est plus seule à réclamer ses enfants aux destins implacables ; nous pleurons avec elle et l'indépendance et la patrie. Que dis-je ? nous avons perdu davantage. La guerre civile ne lui a point ravi la dignité dans le malheur et ceux qui tombent dans les luttes qu'elle soutient sont frappés du moins par des mains étrangères. Elle n'immole point ses magistrats, ses hommes de guerre, ses pasteurs ; si elle a connu les discordes civiles, elle n'a point livré ses plaies aux regards joyeux de ses ennemis. M. Bonjean dut souffrir plus que personne du désespoir et de la honte et le dégout a peut être contribué à la résignation de son sacrifice.

Mais avant d'en arriver à ces tristes moments, je dois, Messieurs, vous retracer sa carrière judiciaire. Si je le fais en peu de mots, j'ose espérer que vous n'en serez pas surpris. L'activité, l'intelligence, le dévouement peuvent remplir les jours d'un magistrat sans laisser après lui d'autres traces que les souvenirs et le respect de ceux qui l'ont connu ; et lorsque ces existences méritoires sont traversées par les agitations de la vie publique, lorsqu'elles sont couronnées par le martyre, l'attention se laisse séduire par le spectacle éclatant de la lutte et de la mort. Elle n'a que des regards distraits pour les occupations paisibles, le labeur quotidien et la science qui se dérobe à la publicité. Vous me pardonnerez donc de céder à ces imperfections de notre nature et de marcher à grands pas vers la fin de cette noble existence dont les détails nous auraient arrêtés plus longtemps si le dénoûment ne les avait rejetés dans l'ombre.

Vous vous rappelez que M. Bonjean avait passé du parquet de la Cour suprême à la présidence de l'une des sections du Conseil d'État. Vous savez également qu'il était sorti du Conseil d'état pour devenir sénateur. Les travaux de cette assemblée ne pouvaient suffire aux habitudes laborieuses qu'il avait contractées. D'ailleurs ses tendances, ses études, lui faisaient un besoin de la vie judiciaire. En 1863, il fut nommé premier président de la Cour de Riom.

Il y fut reçu le 7 mai. Le discours prononcé à cette occasion par le procureur général, M. Salneuve, contient un éloge bien juste et digne d'être remarqué :

« Vous êtes la preuve vivante, dit-il à M. Bonjean, que dans cette société tant calomniée par les artisans de désordre, il y a toujours place pour les hommes qui, à un travail opiniâtre, unissent une ferme volonté. Votre vie est une leçon de haute moralité. »

Mais la Cour de cassation ne pouvait être longtemps privée de l'homme qui avait vécu, qui avait grandi soit dans ses rangs, soit auprès d'elle. Sa place y était marquée d'avance ; et la présidence de la Chambre des requêtes étant devenue vacante, nul ne fut étonné d'y voir appeler M. Bonjean.

Il me suffira, messieurs, pour vous donner une idée de la somme de travail que M. Bonjean a dépensée dans ces hautes fonctions, de vous dire que le savant président des requêtes se faisait une obligation de conscience de rédiger de sa main le projet de chacun des arrêts concernant les pourvois adressés à la cour, et qu'aucun d'eux n'était plaidé devant lui sans qu'il l'eût étudié à fond. Le recueil de ces projets forme un volumineux manuscrit que les fils de M. Bonjean considèrent avec raison comme une portion inestimable de l'héritage paternel.

De nombreux témoignages se joindraient à ce renseignement, s'il était besoin de montrer comment M. Bonjean avait compris les devoirs du magistrat. Les habitudes rigoureuses qu'il apportait aux fonctions de chaque jour ne furent pas , sans doute, étrangères au sentiment qui le poussa au devant de la mort ; mais celle-ci parle plus haut que tout le reste et me dispense d'entourer de plus de détails le récit de ce drame lamentable et glorieux.

La somme de nos malheurs paraissait épuisée : le traité de paix que vous connaissez consacrait notre infortune. Nos armées détruites par une série de revers inouïs dans l'histoire, la moitié de la France envahie, l'autre moitié sans défense, à la merci du bon plaisir des vainqueurs, le deuil dans toutes les familles, l'unité française entamée, avaient fait de 1871 une date sans égale dans le passé de notre pays. Il semblait que ce fût tout ce qu'une nation peut éprouver de désastres ; mais, à ce moment, il se trouva des hommes pour allumer la guerre civile. Et quelle guerre ! La posterité ne saura comment flétrir ses auteurs : elle détournera les yeux de ce spectacle honteux de dissolution sociale. — Bien que l'on fût à l'époque des vacances, M. Bonjean avait passé dans Paris le temps du premier siége. « Je crus de mon devoir, dit-il lui-même, de rentrer à Paris lorsque le siége parut imminent, et j'y rentrai, en effet, le 8 septembre, laissant en Normandie ma femme et mes enfants en pleurs. Mon sentiment était d'ailleurs celui de tous mes collègues, et lorsque, quelques jours après, M. Crémieux, garde des sceaux, nous consulta sur l'opportunité de transférer la Cour de cassation à Poitiers, les 24 membres présents à Paris n'hésitèrent pas à répondre que le bien du service n'exigeait point ce déplacement, et, à l'unanimité, que d'ailleurs il était plus digne du premier corps judiciaire de rester associé aux périls de la population parisienne. Je continuai donc pendant toute la durée du siége les fonctions de premier président jointes à celles de président des requêtes. »

Il voulut même contribuer de sa personne la défense de Paris en s'engageant, malgré son âge, dans la garde nationale. Mais le service fut bientôt au-dessus de ses forces et il fallut y renoncer. Sa correspondance à cette époque respire le plus ardent patriotisme. Résister à tout prix, combattre, sauver au moins l'honneur, telles sont les expressions qui reviennent à chaque instant sous sa plume. L'inévitable capitulation du 27 janvier lui arrache des cris de douleur : « Toute lutte a cessé cette nuit à partir de minuit, écrit-il à sa famille. Un armistice vient d'être conclu, signé peut-être, entre MM. de Bismark et J. Favre. Les conditions sont encore inconnues, mais elles impliquent nécessairement la reddition de Paris, s'il est vrai, comme cela ne me semble que trop certain, que nos forts vont être livrés à l'armée prussienne. — Nous nous rendons donc à merci quand nous avons 300,000 hommes armés, 2,000 pièces de canon de siége et 7 à 800 pièces de campagne du meilleur modèle, fabriquées à Paris depuis quatre mois par des prodiges d'activité et de dévouement. Oui, il n'est que trop vrai, nous nous rendons à merci. Que pourrait faire Paris sous le feu de nos forts ? C'est la honte au front et la rage au cœur que je t'écris ces lignes à la hâte, regrettant de n'être point mort avant de subir une telle honte. »

Après la capitulation et l'armistice, il ne croit pas encore que son devoir lui permette de quitter Paris. L'entrée de l'armée prussienne pouvait provoquer les événements les plus graves : il voulait rester à son poste. Son départ pour la terre d'Orgeville, où des affaires l'appelaient impérieusement, n'eut lieu qu'au commencement de mars ; de là il comptait gagner Bayeux où se trouvait sa famille, lorsque, le 19, les événements du 18 lui furent annoncés.

A l'instant même il prit son parti ; renonçant à revoir les siens dont il était séparé depuis six mois, il retourne à Paris. Le 21 mars, il préside comme à l'ordinaire la Chambre dès requêtes.

Au sortir de l'audience, il se rend chez. M. Paul Fabre, procureur général : ne le trouvant pas, il lui écrit qu'il l'attendra chez lui jusqu'à cinq heures. Le billet est porté au Palais, intercepté par les agents de la Commune qui venaient de s'y installer, et, à quatre heures, un jeune homme accompagné d'un piquet de gardes nationaux arrête M. Bonjean. Celui-ci proteste en vain ; il demande au moins que les gardes nationaux soient renvoyés. Un tel déploiement de forces, dit-il, est inutile pour violenter un vieillard. On arrive à la préfecture de police. — Vous êtes bien le citoyen Bonjean, ex-sénateur, lui demande Raoul-Rigault. — Que me voulez-vous ? — Faites un mandat d'écrou, ordonne tranquillement le délégué de la Commune. — Mais c'est une illéga-lité, s'écrie M. Bonjean. — Nous ne faisons pas de la légalité ici, nous faisons de la révolution... et on l'entraîne au Dépôt d'abord, puis à Mazas. Il devait attendre la mort pendant deux mois.

Un grand adoucissement fut apporté à sa cap-tivité par le dévouement d'un ami. M. Charles Guasco a raconté dans une brochure à laquelle j'emprunte la plus grande partie de ces détails, par quel subterfuge, après avoir été bien souvent rebuté, il est parvenu à voir M. Bonjean. Cette autorisation lui avait été refusée par tous les puissants du jour. Un inconnu lui donna l'idée de s'adresser simplement aux garçons de bureau. L'un d'eux avait des blanc-seings qui remontaient peut-être à l'administration précédente ; il en remplit un au nom de M. Bonjean ; un autre garçon de bureau, en l'absence du chef de division, appose le cachet nécessaire, et M. Guasco peut entrer à Mazas.

C'est grâce à ses visites et par son récit que l'attitude, les préoccupations et le langage du Président dans sa prison nous sont exactement connus. «Je ne saurais rendre, dit M. Guasco, le ton d'abnégation *et* de ferme résolution de M. Bonjean lorsqu'il me parlait du sort qui l'attendait, et de profonde tristesse et d'anxiété toute paternelle lorsqu'il parlait de sa famille. » M. Guasco a bien saisi dès les premiers jours l'état moral de M. Bonjean. Le président ne se fait guère d'illusions sur le sort qui l'attend.

« Ces journées, dit-il, doivent ressembler à celles de 93. Ne me cachez rien. Pour moi, le sacrifice de ma vie est fait, et je m'attends à chaque instant à être massacré dans ma cellule.» Mais la force du caractère conserve le dessus et « après quelques minutes d'entretien, dit M. Guasco, je l'ai retrouvé toujours le même, aimable, spirituel, d'une affabilité et d'une simplicité qui vous élèvent jusqu'à lui sans vous permettre d'oublier un seul moment son immense supériorité. » Sa grande préoccupation est de faire parvenir de ses nouvelles à sa famille. « Considérez, je vous en prie, écrit-il à une personne de confiance, le service de ma correspondance avec ma famille comme le plus important, le plus essentiel de vos devoirs. Je devrais même dire le seul essentiel ; car, en ce qui concerne ma personne, vous savez bien que je pourrai toujours me procurer le nécessaire...» Il imagine dans ce but une combinaison ingénieuse que la connivence d'un ami lui permet d'exécuter et qui fait l'objet d'une lettre admirable d'abnégation et de tendresse. Puis il s'occupe d'écrire pour son fils aîné un traité d'agriculture dans lequel il expose ses idées sur l'exploitation de ses biens.

Cependant M. Guasco se multiplie. « Mon plan est fait, écrit-il à la date du 18 avril. Je vais chercher à prendre la bête par les cornes. » Et il se rend chez Protot, le délégué à la justice. Il faut lire le récit de son entrevue avec le grand juge de la Commune pour comprendre toute la folie d'un peuple qui se donnait de semblables chefs. Cette démarche n'a d'autre résultat que d'amener peu de jours après trois individus à ceintures rouges dans la cellule du Président. — Nous venons, disent-ils, faire une enquête. — Je suis ici depuis 32 jours, répond M. Bonjean, sans qu'on m'ait indiqué le motif de mon arrestation, sans qu'on m'ait fait subir le moindre interrogatoire. Je ne suis qu'un otage, on me traite en criminel. — C'est par respect pour le principe d'égalité, réplique l'un des personnages. Mais enfin, ajoute-t-il, vous ne manquez de rien ; si vous vouliez faire trois ou même quatre repas par jour au lieu d'un ou deux vous le pourriez. — Et ils s'en vont. — « Il pourrait faire quatre repas par jour donc il doit être heureux ; ces gens-là ne voient rien au-delà, » dit M. Guasco. Ce n'est que trop vrai. Ces propos ineptes et bas ne sont pas nouveaux dans la bouche de nos révolutionnaires. Louis XVI a reçu de ces grossières injures : on en trouverait plus d'un exemple de nos jours.

M. Guasco avait emporté de sa visite à Protot la vague espérance que les otages seraient traduits devant un jury. M. Bonjean offre à l'archevêque de Paris et l'abbé Deguerry de leur servir de défenseur. Puis il songe pour lui-même à trois avocats dont je cite ici les noms, car cette pensée de l'illustre victime est un précieux hommage rendu à leur caractère : c'est à Me Bosviel, Me Desmarets ou Me Nicolet, s'ils sont à Paris, que reviendra l'honneur périlleux de porter la parole au nom de M. Bonjean. S'ils sont absents, M. Guasco les remplacera. Le Président s'occupe d'un projet de défense. Les esprits qui ont vécu dans le respect des formes judiciaires ont peine à s'imaginer qu'il existe des tribunaux qui n'en tiennent aucun compte. Un magistrat du Parlement de Toulouse, traduit devant le tribunal révolutionnaire, fut moins surpris de s'entendre condamner à mort que de se voir empêché, par Fouquier-Tinville, de lire un long mémoire qu'il avait rédigé pour sa justification. Dans ce projet de plaidoyer, conservé par M. Guasco, M. Bonjean n'a pas de peine à démontrer l'absurdité de l'accusation qui le menace ; il cite les décrets, commente les articles de loi, expose la théorie du code pénal sur la complicité. Puis, refléchissant sans doute à l'inutilité de ces arguments devant les juges qu'on lui réserve : « Au surplus, dit-il en terminant, advienne que pourra, c'est votre affaire plus que la mienne; car moi je ne risque que ma vie, vous vous risquez l'honneur et le repos de votre conscience. » Tout le monde sait que l'organisation judiciaire de la Commune ne fut créée qu'au dernier moment et ne fonctionna jamais.

Telle était la fermeté avec laquelle M. Bonjean envisageait l'avenir. Son sacrifice était fait, son cœur ne se troublait qu'à la pensée de sa femme et de ses fils. Parfois de cruels scrupules, qui peignent bien l'exquise délicatesse de son âme, l'assiégeaient aux heures de réflexion solitaire. Il se demandait s'il n'avait pas exagéré ses devoirs de magistrat au dépens de ceux du père de famille et cette crainte était la seule qui l'agitât. Il la dissipait aisément en fixant ses idées par l'écriture, et M. Guasco reçut à ce sujet la lettre dont je détache ce passage. Après avoir retracé sa conduite depuis le commencement de la guerre, M. Bonjean ajoute :

« Eh bien, mon cher enfant, mon âge et votre dévouement filial m'autorisent bien à vous donner ce titre, ce que j'ai fait je le referais encore, quelque douloureuses qu'en aient été les conséquences pour ma famille tant aimée. C'est que, voyez vous, à faire son devoir il y a une satisfaction intérieure qui permet de supporter avec patience, et même une certaine suavité, les plus amères douleurs. C'est le mot du sermon sur la montagne, dont je n'avais jamais si bien compris la sublime philosophie : Heureux ceux qui souffrent persécution pour la justice !... C'est la même pensée exprimée par Sidney sous une autre forme, quand s'étant pris à rire, en descendant l'escalier de la Tour, pour porter sa tête sur l'échafaud, il répondit à ses amis étonnés de cet accès de gaieté dans un pareil moment : « Mes amis, il faut faire son devoir et rester gai jusqu'à l'échafaud inclusivement. »

Cette recherche persévérante du devoir à remplir, cette sublime fierté de l'honnête homme trouvèrent une autre occasion de se montrer avec éclat. M. Bonjean peut espérer un instant qu'il lui sera permis pendant quarante-huit heures d'aller embrasser sa famille à la condition expresse de se constituer prisonnier à l'expiration du délai. La joie profonde qu'il éprouve ne l'empêche pas de songer aux moyens de tenir ponctuellement sa promesse. « Pour moi, dit-il, je préfèrerais la mort la plus misérable à cette pensée que l'on pût dire que j'ai manqué à ma parole. » Et prévoyant que les voies de communication coupées par la guerre n'ont pu se rétablir encore, il demande avec le plus grand détail, des renseignements sur la durée du trajet et les moyens de l'accomplir : « Je tiens, dit-il, à être de retour avant l'heure fixée. » Mme Bonjean écrit au même moment à M. Guasco :

« Je m'inquiète aussi, tout en m'en réjouissant, de la possibilité pour mon mari d'obtenir quelques heures de liberté, sur parole, pour venir nous embrasser ici.

» Dans l'état de désorganisation des services de voyageurs où sont tous les chemins de fer, je ne puis me défendre de craindre que quelque retard imprévu dans le passage du train sur lequel mon mari compterait pour rentrer à Paris à l'heure promise, n'eut pour conséquence fatale de le faire manquer bien involontairement à sa parole, et je lui connais un sentiment de l'honneur tellement exalté qu'il ne pourrait survivre à cette apparence de parjure. »

« Hier encore, dit-elle dans une lettre à M. Bonjean, quelqu'un osait me dire : J'espère bien que si votre mari peut venir jusqu'ici vous ne le laisserez pas repartir.

» J'en suis demeurée pétrifiée de surprise. Eh ! quoi donc ! on m'approuverait de t'aimer d'une tendresse assez lâche pour te demander le sacrifice de ton honneur à ta sécurité, pour vouloir donner le droit de te mépriser à ceux qui auraient eu foi en ta parole! Oh ! mon Dieu ! comment se peut-il qu'il existe des êtres chez qui le sentiment de l'honneur et du devoir soit à ce point oblitéré ! »

Entendre de ces fortes paroles, recevoir ces conseils de la compagne de sa vie ; savoir que celle-là même qui pourrait à bon droit donner un libre cours à ses larmes a puisé dans son affection la force de les contenir et de mettre au dessus de tout jusqu'aux scrupules de l'honneur ; retrouver enfin, dans le langage de la femme, l'écho de ses propres sentiments et le respect des mêmes délicatesses, c'est en de pareils moments un bienfait inappréciable ; et les raffinements de cruauté des hommes de la Commune ne pouvaient balancer la puissance de ce secours providentiel.

Ferré venait d'être nommé à la préfecture de police. « Un jour, raconte M. Guasco, M. Bonjean était alité dans sa cellule avec une forte fièvre. Ferré vint s'asseoir auprès de lui : Citoyen président, lui dit-il, tu ne sais pas la nouvelle ? Nos troupes sont à Versailles. Nous avons déjà fusillé J. Favre, J. Ferry, J. Simon, tous les Jules de la défense. C'est te dire que tu ne resteras pas longtemps ici et que tu suivras bientôt le même chemin.

— Cela m'importe peu, lui répondit M. Bonjean. C'est infâme à vous, jeune homme, de venir insulter un vieillard malade et qui ne peut vous répondre. Je mourrai avec la conscience plus tranquille que vous. Retirez-vous.

Quelque temps après, à une heure du matin, M. Bonjean est réveillé en sursaut en s'entendant appeler par le guichet de la porte de sa cellule.

— Bonsoir, citoyen président, comment ça va ? disait la voix d'un ton ironique.

— Qui êtes-vous ?

— Un surveillant.

— J'en doute, et il reconnaît la voix de Ferré.

— Je suis un surveillant qui pourrait, s'il le voulait, te faire évader.

« — Cela n'est pas au pouvoir d'un simple gardien. Mais pourquoi venir nous enlever les rares moments de repos que nous pouvons prendre ? Ce n'est pas une heure pour venir déranger un vieillard souffrant. Retirez-vous.»

M. Bonjean, du reste, ne voulait pas accueillir l'idée d'une évasion. Des propositions sérieuses lui furent faites à ce sujet par deux employés de Mazas, le greffier Bonnard et le gardien Cazareto. M. Guasco s'était occupé de ce projet ; il en avait parlé au président, il en reçut cette réponse :

« Lorsqu'on est président à la Cour de cassation et qu'on occupe un si haut rang dans la magistrature d'un pays , on ne sort d'une prison que par la grande porte et au grand jour. »

Cependant, au dehors, les événements s'accomplissaient. Des débris de nos armées vaincues et dispersées, on avait formé, comme par enchantement, une armée nouvelle. Aguerrie par quelques combats heureux, commandée par les chefs des anciens jours, elle avait recouvré la discipline et la foi en elle-même. Le 21 mai, elle pénétrait dans Paris à l'improviste. Ses progrès étaient rapides, ses mouvements méthodiques et calculés. Dès ce moment l'insurrection était vaincue ; sa défaite n'était plus qu'une affaire de temps et de sacrifices. Elle le comprit et se retourna dans sa rage contre les hommes de bien et les monuments séculaires qu'elle ne voulait pas laisser à la France.

Le 22, à cinq heures du soir, les otages sont prévenus qu'on va les transférer à la Roquette. Je laisse la parole au P. Perny , prêtre des missions étrangères, arrêté à Paris à son arrivée de Chine, échappé par miracle aux mains des sauvages d'Europe, et qui sans doute, à l'heure présente, poursuit encore le martyre qu'il a failli rencontrer dans son pays.

« M. Bonjean, dit-il, avait beaucoup souffert dans cette prison. Néanmoins il était très calme, sa conversation était encore enjouée et spirituelle.

. . . .

«Nous demeurâmes plus d'une heure dans une voiture de déménagement, stationnant dans la cour de Mazas. Au dehors, la foule était immense et impatiente. Elle frappait avec violence à la porte, menaçant de l'enfoncer si on n'ouvrait pas. A la vue de cette foule d'enfants des deux sexes, de femmes du peuple, d'hommes en blouse à la figure sauvage, exaspérés, poussant des cris d'une joie féroce, j'éprouvai peut-être la plus pénible impression de toute ma vie. Ce flot populaire, grossissant de minute en minute, accompagnait la voiture. Les injures les plus basses, les vociférations les plus éhontées sortaient à la fois de toutes ces bouches hideuses à voir. Jamais, non, jamais, vous ne sauriez imaginer quelque chose d'aussi épouvantable. . . . . .

. . . .

« Arrêtez, arrêtez ! A quoi bon aller plus loin ! Qu'on les coupe en morceaux ici. N'allez pas plus loin. A bas ! à bas ! »

Ils arrivent à la Roquette ; on les pousse dans des cellules. — « C'étaient vraiment des cellules de passage, dit le P. Perny, pour un séjour de quelques heures. Une simple paillasse avec une couverture, voilà tout l'ameublement. » Le lendemain, à dix heures, on les introduit dans un préau et ils peuvent converser ensemble. Les otages ne se trompent pas sur la signification de ces douceurs inaccoutumées, et tous se préparent à paraître devant Dieu.

Il se produisit alors ce qui arrive souvent lorsque des hommes de bonne foi, qui se sont longtemps combattus, sont rapprochés par les événements et forcés de se connaître. L'estime prend la place des anciennes préventions. J'ai dit et je répète que M. Bonjean, que l'on a représenté comme un ennemi de la religion, avait vécu dans la pratique des devoirs imposés par le catholicisme. Parler de conversion à propos de sa mort, c'est donc ou le connaître mal ou, par un abus de langage, appeler de ce nom une rétractation dont on n'a pas la preuve. Persuadé que certains ordres religieux exercent une fâcheuse influence, il l'avait dit avec la sincérité de son caractère. Les épreuves des derniers jours lui permirent d'admirer le simple et ferme courage de quelques prêtres de la Compagnie de Jésus. L'un d'eux, le P. Clerc, reçut sa confession. Nul ne peut connaître le suprême entretien de ces âmes d'élite ; nul ne peut dire si **M.** Bonjean abandonna les opinions qu'il avait professées. **M.** Guasco rapporte au contraire que dans une conversation avec l'abbé de Marsy, son voisin de cellule à la Roquette, le Président se montra tel qu'il avait toujours été, sans rien renier des convictions de toute sa vie. Ce que nous savons d'ailleurs, c'est qu'il n'a jamais écouté que les inspirations de sa conscience et qu'à toutes les époques il aurait pu aborder sans crainte le tribunal qui ne demande aux hommes que la recherche de Dieu et de sa justice.

Les témoins de ces réunions des otages nous ont fait admirer le calme inébranlable qu'ils conservèrent jusqu'à la fin. La santé de plusieurs d'entre eux était gravement atteinte ; Mgr Darboy et **M.** Bonjean étaient de ce nombre. Le mal physique a souvent abattu les plus fermes courages ; il n'eut point prise sur eux. A la date du 24 mai, le jour même du massacre, le P. Perny écrit ces lignes : « Je passai quelques instants avec l'archevêque ; sa force d'âme lui faisait surmonter ses douleurs pour se montrer confiant, aimable, gracieux à tous. Je me promenai avec M. Deguerry dont le calme parfait excitait au plus haut degré mon admiration. J'allai ensuite saluer M. Bonjean qui était fort souffrant ce jour-là . Il passa toute sa récréation assis sur le bord de l'une des guérites du premier préau. Depuis son arrivée à la Roquette il avait à peine pris quelque nourriture. Je conversai avec lui pendant une demi-heure ; sa conversation était pleine d'intérêt, son calme et sa résignation admirables. C'était la dernière fois qu'il paraissait en ce lieu ; il ne semblait nullement s'en douter. »

Le soir, à huit heures, le corridor de la division où se trouvaient les otages fut subitement envahi par une bande d'insurgés. Au milieu des imprécations et des injures, six noms furent appelés : Mgr Darboy, l'abbé Deguerry, M. Bonjean, le P. Ducoudray, le P. Clerc, l'abbé Allard. De sa fenêtre, où il s'était agenouillé en priant, le P. Perny les voit passer. L'archevêque et M. Bonjean marchent les premiers, unissant leurs courages, soutenant mutuellement leur

corps épuisé par la maladie et la vieillesse.
L'abbé Deguerry et le P. Ducoudray les suivent.
Celui-ci aperçoit l'un des prisonniers qui agite son
mouchoir en signe d'adieu, il se retourne tranquillement et lui rend son salut. Le P. Clerc et
l'abbé Allard viennent ensuite ; ce dernier porte
encore la croix rouge des ambulances. Derrière
eux se pressent les assassins, recrutés de côté
et d'autre, parmi les *hommes de bonne volonté.*
Le sinistre cortége s'arrête un moment ; on cher-
che une place : on la trouve bientôt. Au pied
d'un des grands murs de la prison, en face de
ce qu'il y a de plus abject dans la population
des grandes villes, on range l'archevêque de
de Paris, l'un des premiers magistrats de France
et quatre hommes dont la vie s'était consacrée
au service de la religion, à l'instruction de la jeunesse, au salut de nos blessés. Un feu désordon-
né se fait entendre, les victimes s'affaissent ; les
meurtriers se précipitent et mutilent avec fureur
les membres que les balles avaient épargnés. —
Non loin de là, les Tuileries, le Louvre, l'Hôtel-de-
Ville s'écroulaient dans les flammes.

Quelques jours après, les cadavres furent découverts dans une fosse commune au Père-Lachaise. M. Guasco reconnut celui du président Bonjean. Le trajet des balles indiquait qu'il avait été frappé les bras croisés sur la poitrine ; un coup de feu tiré à bout portant derrière l'oreille l'avait achevé. Le corps du grand magistrat fut transporté, selon son désir, à Orgeville et inhumé avec la simplicité qu'il avait recommandée lui-même à ses enfants.

Dans une dernière lettre à sa famille, je trouve ce passage à l'adresse de ses fils :

» Que la persécution que je souffre et la mort sanglante qui, d'un moment à l'autre, peut terminer ma laborieuse vie ne soient pas pour vous une cause de découragement Ne dites pas : à quoi a servi à notre père ce long dévouement à tous les devoirs ? Que n'a-t-il fait comme tant d'autres qui moins austères, moins rigides, ont su se mettre à l'abri du danger et jouissent maintenant d'une heureuse vieillesse ? — Oh ! non, ne le dites pas et n'en croyez pas ceux qui vous tiennent un tel langage ; car moi qui n'ai jamais trompé personne, moi qui voudrais encore moins tromper mes enfants en ce moment solennel, je vous affirme que, si misérable que puisse être la fin qui paraît m'être destinée, je ne voudrais à aucun prix avoir agi autrement que je ne l'ai fait.

C'est que le premier bien, mes chers enfants, c'est la paix de la conscience et que ce bien inestimable ne peut exister que pour celui qui peut se dire : *J'ai fait mon devoir.* »

Messieurs, est-il besoin d'appeler l'admiration et le respect auprès de cette tombe ? Que dire qui ne soit au dessous des sentiments qu'un pareil spectacle soulève dans nos cœurs ? Ils sont donc revenus ces temps qui avaient déshonoré notre histoire ! Nous nous trompions en pensant qu'on ne reverrait jamais ces massacres fameux, ces orgies sanguinaires, ces populaces hurlantes escortant en place de Grève les nobles victimes de la Terreur. La civilisation moderne avait éteint la race de ces monstres ! . . Les révolutions ne versaient plus une goutte de sang ! . . Mais voici que ces tableaux du passé se réveillent et s'animent. Nous devenons les spectateurs de ces scènes hideuses dont le récit nous laissait presque incrédules. Les soldats, les magistrats, les prêtres sont égorgés de nouveau ; et c'est à peine si notre indignation dure autant que leur agonie !

Un homme nous revèle tout ce que notre nature peut renfermer de grand, de noble et de généreux. Sa jeunesse sans guide, sans fortune, nous enseigne le travail, la persévérance ; son âge mûr la simplicité, le dévouement à des devoirs austères, l'amour de la famille, l'amour plus ardent encore de la patrie, le culte scrupuleux de l'honneur, l'esprit d'abnégation et de sacrifice ; dans les tribulations et les dangers nous le retrouvons semblable à lui-même, cherchant le devoir, le remplissant à tout prix ; ne souffrant pas la pensée qu'un scélérat reçut en vain ses engagements et ses promesses ; ne s'inquiétant que de sa dignité et des siens; mourant, après deux mois de tortures, au bruit de la délivrance et tandis que, de toutes parts, le salut s'avançait vers le lieu du supplice ; conservant dans cette extrémité la liberté de l'esprit, la sérénité de l'âme, la simplicité et la fermeté de l'attitude. Ces exemples frapperont-ils en vain les yeux qui les ont contemplés!

Je me rappelle ici ces paroles de Cicéron à la jeunesse romaine : « Mihi omnis oratio est cum virtute, non cum desidia, cum dignitate, non cum voluptate ; cum iis qui se patriæ, qui suis civibus, qui laudi, qui gloriæ, non qui somno et conviviis et delectationi natos arbitrantur. » Je m'adresse, dit-il, à ceux qui ne se croient pas nés pour le repos, les festins ou les plaisirs, mais pour l'honneur, pour leurs concitoyens, pour leur pays. — Et qui donc pourrait se croire né pour le repos à l'heure où nous sommes ? Qui peut oublier que notre génération est promise à des luttes nouvelles, sur les champs de batailles ou dans la rue ? Qui ne sait que l'homme qui n'a point fait le plein et entier sacrifice de sa vie peut se trouver, à tout moment, inférieur aux circonstances ? L'histoire nous montre à chaque page comment les peuples disparaissent de la scène du monde. Dès que les individus ont perdu le courage de sacrifier à des idées générales leurs intérêts particuliers, la nation n'est plus qu'un corps qui se décompose, et les oiseaux de proie peuvent venir.

Touchons-nous à ce moment funeste ? Si je considère les beaux exemples qui ont ennobli nos malheurs, ces morts militaires où l'on voit tout ce que la jeunesse a de séductions et d'espérances, tout ce qu'une vie dignement remplie a de satisfactions et de prestige, immolé tous les jours et tout à coup au sentiment du devoir, si je prononce les noms des illustres victimes qui n'ont pas eu pour les soutenir l'entrainement de la lutte et la présence de l'ennemi, je chasse loin de moi ces hypothèses affligeantes. Mais à côté d'eux que de cupidités effrontées, qne de férocités bestiales, que d'égoïsmes insolents ! Qui donc l'emportera de ceux qui se donnent à la patrie ou de ceux qui la déchirent ?

C'est le secret de Dieu. Mais s'il est vrai que nous assistions à la ruine de la France, il restera du moins à un petit nombre la force de s'élever au dessus de leur temps. Ceux-là mériteront le respect à sa mémoire, ils honoreront ses derniers jours, ils l'aideront à bien mourir. Ils conserveront le culte des hommes qui ont cherché la vérité, le droit et la justice ; ils préserveront leurs noms des injures et de l'oubli: et s'il leur arrive d'être débordés par le flot des barbares, ils se rappelleront M. Bonjean, croisant les bras sur sa poitrine, et regardant sans faiblir la foule compacte de ses bourreaux !

TOULOUSE, TYP. MONTAUBIN, PETITE RUE SAINT-ROME, 1.

www.ingramcontent.com/pod-product-compliance
Lightning Source LLC
Chambersburg PA
CBHW061302060726
47596CB00002B/697